Johann Jakob Schatz

Beleuchtung der in dem Ulmer geographischen Lexikon

von Schwaben enthaltenen sehr anzüglichen Stellen, die löbliche Reichsstadt

Augsburg betreffend

Johann Jakob Schatz

Beleuchtung der in dem Ulmer geographischen Lexikon
von Schwaben enthaltenen sehr anzüglichen Stellen, die löbliche Reichsstadt Augsburg betreffend

ISBN/EAN: 9783743421363

Hergestellt in Europa, USA, Kanada, Australien, Japan

Cover: Foto ©ninafisch / pixelio.de

Manufactured and distributed by brebook publishing software
(www.brebook.com)

Johann Jakob Schatz

Beleuchtung der in dem Ulmer geographischen Lexikon

Beleuchtung
der
in dem Ulmer
geographischen Lexicon
von Schwaben
enthaltenen sehr anzüglichen Stellen,
die löbliche
Reichsstadt Augsburg
betreffend.

Von einem unpartheyischen und Wahrheit liebenden Freund.

Augsburg 1791.
In Kommißion in der E. L. Lotterischen Buchhandlung.

Es haben mehrere Städte Deutschlands seit einigen Jahren her das Schicksal erfahren, in fliegenden Blättern und sogenannten Reisebeschreibungen, nicht selten auf die unanständigste Art verunglimpfet und mißhandelt zu werden. Man übersahe diese Schmähungen meistens mit schweigender Verachtung; denn sie kamen von maskirten Unholden, die keiner Aufmerksamkeit, noch weniger einer offenen Vertheidigung werth sind. Schädliche Eindrücke waren auch nicht zu befürchten; der Vernünftige kennt ja den Werth solcher unmächtigen Geburten, und ihre Existenz gleicht nur einer vorübergehenden Erscheinung. Deßwegen

gen schwiege man auch in Augsburg bisher noch immer dazu, wenn etwa irrende Glücksritter, die oft der Hunger durch die Welt jagt, ihrem Magen zu Nuz und Frommen sich an dieser Stadt gröblich versündigten.

Jetzt erscheint aber, und zwar erst seit einigen Monaten, in der Stettinischen Buchhandlung in Ulm ein gewisses so betiteltes Geographisches Statistisch = Topographisches Lexicon von Schwaben, oder vollständige alphabetische Beschreibung aller im ganzen Schwäbischen Kreis liegenden Städte, Klöster, Schlösser ꝛc. mit genauer Anzeige von deren Ursprung, ehemaligen und jetzigen Besitzern, Lage, Regimentsverfassung, Anzahl und Nahrung der Einwohner, Manufakturen, Fabriken ꝛc., in welchem der unbekannte Herr Verfasser des Artikels von Augsburg, (denn der wohlbekannte Herausgeber des Werks hat diesen Aufsatz, vermuthlich wie er war, ohne nähere Theilnehmung nur eingerückt) seinen Plan einzig und allein darauf scheint angelegt

legt zu haben, diese Stadt und ihre ganze Verfassung mit unaustilgbarer Schmach und Schande zu bedecken. Es ist nur allzusichtbar, daß er mit einer Gift= erfüllten Seele seine Schilderey entwarf, und selbige mit der Freude eines bösen Engels, wenn er sein Werk vollendet hat, öffentlich zur Schau ausstellte. Aber hier muß auch die Wahrheit ihre Rechte behaupten, und dem Lügner frey unter die Augen treten, nicht um des Unverschämten willen, — der möchte immerhin seiner That sich in der Stille erfreuen — sondern wegen dem Ansehen, der Ausbreitung und Dauer, welche ein solches Werk, als das gedachte Schwäbische Lexicon ist, erzielen will. Der Herr Verfasser mag es mir daher nicht übel deuten, wenn ich als ein Fremder, und nicht in Augsburg Gebohrner, die Wahrheit in diesem Traktat seinen Lügen entgegen stelle, und zugleich das Publikum ebenermassen mit seinem Mann bekannt mache. Um also ganz unbefangen und ordentlich zu verfahren, werde ich die bösesten und anzüglichsten Stellen seiner Beschreibung wörtlich allhier ausheben, und jede derselben mit mei=

nen

nen ganz unpartheyischen Anmerkungen begleiten. Der gütige Leser wird jene und diese leichtlich zu unterscheiden wissen. Nun aber zur Sache. Die Schilderung Augsburgs beginnet also:

„Augsburg hat von ihrer ehemaligen Größe, ihrem Reichthum, ihrem Ansehen, ihrem Handel, gegenwärtig nur noch Spuren und traurige Angedenken aufzuweisen. Diese ansehnliche Stadt, gegenwärtig noch die größte in Schwaben, gehörte unter die vorzüglichsten in Deutschland; sie ist aber durch ihre innere Verfassung, und den veränderten Gang des Handels so weit herabgekommen, daß sie von ihrem vorigen Zustande nur noch ein trauriges Schattenbild aufzuweisen hat, und durch die eilende Auszehrung, an welcher sie leidet, senkt sie mit jedem Jahre noch weiter herab".

Diese

Diese schwarze Schilderung zeuget, um es auf das allergelindeste auszudrücken, von der grosen Unkunde des Herrn Verfassers in Ansehung des hiesigen Gewerbs und Handlungswesens. Fürwahr, wenn irgend eine Stadt in Deutschland zu suchen ist, wo nicht allein Wechsel = und Waarenhandel blühet, sondern auch wo Künste und Wissenschaften allerley Arten, unter hoch Obrigkeitlichem Schutze, von Tag zu Tag sich jemehr und mehr empor schwingen, und bis zur höchsten Vollkommenheit getrieben werden, so wird es unfehlbar das gesegnete Augsburg seyn. So wenig sich aber diese Stadt mit denen weltberühmten großen Handelsplätzen in Venedig, London, Amsterdam, und einigen andern Städten, wo ungeheure Geldsummen in Bewegung und Thätigkeit sind, zu messen erkühnet, so kann es dennoch, wie gesagt, unweigerlich eine ansehnliche Stelle unter denen durch Kommerz belebten Städten einnehmen. Daß diese sich seit dem, vor zweyhundert Jahren, wegen den schweren Drangsalen der mancherley verheerenden Kriege, erlittenen Verfall der Handlung niemals wieder zur vorigen

vorigen Größe habe erheben können, ist freylich eine eben so bekannte als begreifliche Sache; gleichwohl leidet dieselbe noch an keiner eilenden völligen Auszehrung, gleichwohl besitzt sie heut zu Tag ihre starke Anzahl bedeutender Handelshäuser, unter denen sehr viele durch reiches Vermögen und durch weiten Umfang ihrer Geschäfte sehr glänzend sind, und welche mit den ersten Plätzen der handelnden Welttheile in stetiger Verbindung stehen. Sahe man etwa ehedessen bey Einzelnen mehrere Baarschaft, so sahe man dagegen auch wenigere Komptoirs; und wenn heut zu Tag die Zahl der Handelshäuser jene in vorigen Zeiten weit übersteigt, so kann man auch ohne Uebertreibung behaupten, daß im Ganzen jetzt nicht minder erstaunliche Geldsummen den Gang des augsburgischen Kommerzes leiten. So viel davon hier! — Weiter unten aber soll noch mehrers davon gesagt werden.

„Die Stadt hat, die Vorstadt St. Jakob mitgerechnet, vier Hauptthore und fünf kleinere,

kleinere, ohne den Einlaß; welche Kinderey ehemals das Staunen und das Wahrzeichen der Handwerkspursche war. Noch jetzt wird diese Posse des Alterthums denen, welche sich von ein Paar Mädchen, die die Thore auf= und zuziehen, wollen äffen lassen, und 2 fl. be= zahlen, gezeigt".

Dieser Einlaß, oder das Nachtthor, welches dem Kaiser Maximilian I. zu Gefallen ehedessen erbaut wurde, verdient allerdings nicht mehr je= nes große Staunen und die sonderbare Bewun= derung, die dieses Kunstgebäude etwa in frühern Jahren gefunden hatte, wo bey den geringern Fortschritten der Mechanik ein solches Werk bey= nahe für ein Wunder gehalten wurde, und leichtlich allgemeinen Ruf erlangte. Indessen bleibt es aber noch immer in den Augen des Ken= ners ein nicht zu verachtendes oder öffentlicher Ver= spottung würdiges Kunstwerk, welches ja, wie be= kannt ist, von allen Fremden, denen an den vor= nehmsten Merkwürdigkeiten der durchreisten Städ=
te

te etwas gelegen ist, mit vielem Vergnügen betrachtet, und mit allem Recht bis auf den heutigen Tag unter uns erhalten wird. Warum aber ein künstlicher Mechanismus dieser Art die Benennung einer **Kinderey**, einer **Posse des Alterthums**, ja gar eines **Wahrzeichens** der vorbeyreisenden **Handwerkspursche** verdiene, das mag wohl der kluge Mann selbst nicht wissen; gleichwie er denn auch überhaupt sich wenig um Wahrheit und richtige Darstellung bemühet; zufrieden, wenn er nur alles, was Augsburg betrifft, im gehäßigsten Gesichtspunkte zeigen kann. Vielleicht wiederfuhr ihm wohl gar das nämliche, was dem Blinden begegnet, wenn er von Farben das Urtheil sprechen will — er sahe den Einlaß nicht in seinem Innern, weil jeder Fremde — nicht gerade zween Gulden — denn es wird keinem abgefordert, und ist niemals hierinnfalls eine gewisse Taxe bestimmt gewesen — aber wohl etwa eine Kleinigkeit, gleichwie aller Orten gewöhnlich ist, an den Aufseher des gedachten Einlaßthors entrichtet.

Die

„Die Straßen (sagt er ferner) sind durchgehends alle unregelmäßig angelegt, und auf die abscheulichste Art gepflastert. Dieses Steinpflaster besteht aus lauter kleinen spitzigen Kieselsteinen, deren spitzige Seiten, um es ja recht unangenehm zu machen, alle übersich gekehrt sind. Die projektirte angefangene Erleuchtung der Straßen ist nicht zu Stande gekommen, und konnte auch bey einem solchen Plan nicht ausgeführt werden. Jeder Eigenthümer des Hauses sollte sein Haus selbst erleuchten. Da es nun ein freywilliges Unternehmen war, so illuminirte der eine heut, der andere morgen, und manche gar nicht. Und so zerfiel dieses Illuminationsprojekt wieder beynahe eben so bald, als es entstanden war. Man sieht zwar an einigen Häusern bey Tag Laternen hängen, allein dieß ist auch alles; bey Nacht sieht man keine. Die Stadt hat nur einen einzigen Platz, der diesen Namen verdient

verdient, dieses ist der Weinmarkt, der aber mehr eine breite Straße, als ein Markt ist. Die übrigen Plätze sind klein, so wie die meisten übrigen Straßen krumm, enge, und auch einige abhängig sind".

Das Boshafte und Schmähsüchtige, das sogleich in den ersten zum Theil sehr plumpen Zügen dieser Karakteristik jedem vernünftigen Leser in die Augen fallen muß, übergehe ich gerne anjetzo mit Stillschweigen, da es ohnedieß schon ein sehr unangenehmes Geschäft ist, so viel schiefes Geschwäz und platte Unwahrheiten zu rügen. Doch, hier nur ein Paar Worte zur Nothdurft. Dem Herrn Verfasser muß ohne Zweifel unbewußt seyn, was doch beynahe ein jeder weiß, nämlich, daß man zum Straßenpflaster einer Stadt sich derjenigen Steine bedienen müsse, die in der umliegenden Gegend gefunden werden; wie hätte er sonst sich selbst so vergessen, und das von kleineren Steinen angelegte Pflaster unserer

Stadt

Stadt zum Vorwurf seiner Schmähsucht machen können? Denn an der guten Ordnung und an der Sorgfalt, die Straßen sowohl in Sommers als Winterszeit in möglichst gutem und brauchbarem Stande zu erhalten, gebricht es wahrlich nicht. — Ob ferners alle Plätze, den Weinmarkt ausgenommen, nur ganz klein, und die meisten Straßen enge sind, mögen so viele unpartheyische Reisende, die diese Stadt jährlich besuchen, selbst entscheiden. Wer zu Anfang dieses Jahrhunderts gelebt hat, konnte sehen, daß sowohl die französische als bajerische Kriegsvölker sich des hiesigen großen Holzmarkts, und St. Morizenplatzes bedient haben, um allda ihre Musterungen zu halten, und täglich ihre starke Wachtparade, die öfters mehr als in 800 Mann bestunde, ganz frey und mit aller Bequemlichkeit an eben gedachten Plätzen aufführen zu können. — Endlich, so ist es wahr, daß der vor einigen Jahren gemachte Entwurf einer allgemeinen nächtlichen Beleuchtung, so wünschenswürdig die Ausführung desselben auch immer war, an unüberwindlichen Hindernissen scheiterte; Hindernisse, die vielleicht

die

die Zukunft wegräumen wird. Aber grundfalsch ist es, daß allein die Willkühr der Hauseinhaber in Beleuchtung der Straßen den glücklichen Erfolg vereitelt habe, und falsch ist es ebenfalls, daß man nur bey Tage einige Laternen sehe, und bey Nacht keine; indem ja wenigstens sechszig große Laternen bey dunkeln Nächten helleuchtend brennen — beym Mondschein freylich nicht. — Allein der Herr Verfasser folgt hierinn vermuthlich seinem eigenen Maaßstabe, den er von der Verleumdung erhielt; er gebe ihn immerhin wieder zurücke, und behalte seine Meßkunst für sich! Nun wollen wir auch vernehmen, wie seine Erzählung des Häuserbaus lautet.

„Die Häuser (sagt er) unter welchen viele von Stein, und einige in recht gutem Geschmack mit italiänischen Fronten gebauet sind, siehet man fast durchgehends auf die abscheulichste Art mit Schmierereyen von der elendesten Art überklebt. Schon ein nur mit einer bunten Farbe bemaltes Haus ist geschmacklos und

und eckelhaft, wenn die Farbe entweder hart, oder dem Plan der Baukunst nicht angemessen ist. Hier aber sind alle bunte Farben an den Häusern angebracht, da haben sie ganze Legenden und Heiligengeschichten, Erscheinungen und dergleichen Zeugs an ihren Häusern, oft von dem elendesten Pinsel eines Gypsers hingeschmiert, und dadurch manchmal die schönste Zeichnung und Architektur des Hauses verdorben. Gewiß, es gehört viel Geschmacklosigkeit dazu, und zeugt von dem Verfall des Geschmacks einer ganzen Stadt, Häuser auf diese Art beschmieren zu lassen. Der Herr von S..., der diese Geschmacklosigkeit in seinen Schutz nimmt, sagt, daß dieser Geschmack in Venedig und anderen Städten Italiens in Achtung gewesen sey. In Venedig sieht man nichts von dieser Geschmacklosigkeit, welche bey den Italiänern, der ersten Nazion in der Baukunst, nicht zu suchen ist ꝛc. ꝛc."

Legenden,

Legenden, Erscheinungen, Heiligengeschichten, kann nur derjenige an den Häusern in Augsburg sehen, der selbst mit Träumen, Erscheinungen und Hirngespinstern geplagt ist; ein gewöhnlicher Mensch sieht von dem allem soviel als nichts; doch darinn hat der scharfe Seher recht, und gleichwie jeder andere Mensch beobachtet, nämlich, daß man hin und wieder, in ganz abgelegenen Straßen, oder in den Vorstädten, annoch heutigen Tags buntbemalte und mit verschiedenen Vorstellungen gekleidete Gebäude findet, die sich mit dem gereinigten Geschmacke nicht vertragen. Zwar giebt er ihre Zahl um die Helfte zu hoch an; denn er findet sie fast durchgehends mit Schmierereyen beklebt. Allein wer wird wohl so strenge Gewissenhaftigkeit von ihm fordern? Genug, daß er ja noch einige Ausnahme gelten läßt. Wir werden es ihm sogar noch danken müßen, daß er nicht auch fast durchgehends die Häuser in Scheunen, hölzerne Baraken und Bauernhütten verwandelt, sondern noch so großmüthig ist, viel steinerne und einige recht geschmackvoll angelegte Gebäude stehen zulassen;

laſſen; wiewohl wir Trotz ſeiner Zauberruthe, nicht nur viele, ſondern die allermehreſten Häuſer noch wirklich von Stein erbauet ſehen. Dieſe Ehrenerklärung iſt Augsburg ſeinem billigen Richter in der That ſchuldig. Möchte er doch immer ſo viel Huld und Gnade beweiſen! nie ſollte ihm der reelleſte Dank dafür entgehen. — — Aber ſchon wieder müßen wir uns über ſeine unerbittliche großſultaniſche Strenge beſchweren. Mit einem Machtſpruch, gegen welchen keine Einwendung ſtatt findet, verdammt er die arme Reichsſtadt Augsburg zur totaleſten, ſtupideſten, häßlichſten Geſchmackloſigkeit, und es thut ihm nur leid, daß er das Urtheil der Verwerfung nicht noch kräftiger ausſprechen kann, ſo ſehr man ihm, beſonders nach Beherzigung deſſen, was er ferner in die Länge und in die Quer von ſeinem erhabenen Richterſtuhle herabſprudelt, die Ehre zugeſtehen muß, alle ſeine Kräfte bis zum Erſchlaffen angeſpannt zu haben. — Nichts deſtoweniger bildet ſich hier der Geſchmack immer glücklicher aus; jene Kolorirung der Häuſer, welche unſerm Verfaſſer den Verfall einer ganzen Stadt bezeichnet,

B

zeichnet, hat nicht in unſern Tagen, ſondern in vorigen Zeiten Achtung und Beyfall erhalten, in Zeiten, wo auch die Kunſt dieſen Ort unter andern Städten Germaniens empor hob; und die von Kennern bewunderte Arbeiten eines Bergmüllers und Holzers mußten dieſem ſchlechten Geſchmack ehender eine längere als kürzere Dauer gewähren. Jetzt hat es ſich hierinn gar ſehr geändert. Man ſieht mit jedem Jahre eine beträchtliche Anzahl Häuſer in erneuerter und verſchönter Geſtalt hervorgehen, welche von buntem Putze entkleidet ſich in einfachem reinen Geſchmacke darſtellen. Solche Verbeſſerungen findet man an den Hausgeräthſchäften allerley Art; ſie nähern ſich den neueſten engliſch und franzöſiſchen Arbeiten, werden nach ſoder ſchönſten Zeichnung verfertigt, und finden bey dem Liebhaber, der etwas darauf verwenden kann, Beyfall und Abnahm. Und hieraus kann alſo der geneigte Leſer ſelbſt erſehen, ob, und wie tief eigentlich der gute Geſchmack in Augsburg verſunken ſeyn müße.

„Unter

„Unter den ſchönen Häuſern Augsburgs zeichnet ſich das Libertiſche aus, das aber ſehr unſchicklich ſteht: die ſchmale Vorderſeite ſchaut auf den Weinmarkt, und die lange Nebenſeite in ein enges Gäßchen. Auch dieſes ſchöne Haus hat Farben; und ſelbſt das ſchöne nach einer edlen Zeichnung erbaute Rathhaus iſt damit nicht verſchont worden, ſondern hat an den Enden gelbe Einfaſſungen bekommen; daß ſich ja kein Fremder an dem Augsburger Geſchmack irren möge"!

Wenn das ſchöne Haus des Herrn von Liebert, welches nebſt einigen andern hieſigen Bankiers Wohnungen, wohl gar für herzogliche Paläſte gelten könnte, nach des Verfaſſers Ausdrucke ſehr unſchicklich ſteht, ſo iſt die Schuld davon weder dem ſchlechten Geſchmacke ſeines hochadelichen Beſitzers, noch der Ungeſchicklichkeit des damaligen Baumeiſters, ſondern allein der Lage und Beſchaffenheit der Gaſſe, an welcher ſtatt des alten Gebäudes dieses neue dagegen aufgeführt wurde, zuzuschreiben; oder würde es nicht vielmehr der größte Unsinn heißen, eine lange Reihe Häuser zu zertrümmern, um einem einzigen Privatgebäude eine freyere Außsicht zu verschaffen? Aber solche Forderungen machen öfters, ohne es selbst zu wissen, dergleichen Herren, welche sich nicht erst lange mit der gesunden Vernunft berathen wollen. Könnte das enge Gäßchen den Glanz und innern Pracht dieses geräumigen Hotels verdunkeln, so würde nicht die Königinn in Frankreich bey ihrer Durchreise zu ihrem Gemahl nach Versailles, im Jahr 1769 sichs haben gefallen lassen, mit ihrem ungemein zahlreichen Hofstaat und dem französischen Herrn Großbothschafter, einem prächtigen Ballet und Soupe in dem herrlichen und mit den künstlichsten Mahlereyen ausgeschmückten Saale dieses Hauses beyzuwohnen, einem Saale, welcher dem weitberühmten Fürst Radziwilischen Saale in Warschau, an Größe, Höhe und Pracht, von Kennern gleich geschätzt wird. Daß aber dieses schöne von Liebertische Haus Farben habe, und folglich bunt und

geschmack-

geschmacklos erscheine, wie nicht weniger, daß
das Rathhaus an den Enden mit gelben Einfas=
sungen verunstaltet seye, dieß ist eine ganz neue
Entdeckung, für welche wir dem scharfsichtigen
Beurtheiler sehr verbunden sind; denn sie belehrt
uns nicht nur von dem, was wir noch nicht wuß=
ten, ja von dem auch sonsten gar Niemand eini=
ge Kenntniß hat, sondern sie macht uns auch auf
ein bisher unerkanntes Gebrechen aufmerksam,
nämlich, daß wir keine Augen haben, oder die
Farben nicht von einander zu unterscheiden wis=
sen. Doch vielleicht können wir durch unsere Ge=
lehrigkeit mit der Zeit noch manche wichtige Auf=
schlüsse über unsere physische, moralische und po=
litische Krankheiten erhalten. Nur erbitten wir
uns denn auch seine Heilungsart, sie wird ohne
Zweifel alle Arzneyverständige unsers Zeitalters
beschämen, — Doch, wozu dienet dieser Unrath?
Er hat uns ja schon wirklich für unheilbare Siech=
linge öffentlich erklärt.

„Wer

„Wer Augsburg eine schöne Stadt nennen kann, hat entweder einen kindischen Geschmack, oder keinen Begriff von der Schönheit der Städte. Augsburg ist eine äußerst todte und entvölkerte Stadt, sie hat viel ähnliches mit den entvölkerten Städten Italiens. Ein Fremder kann ganze Straßen durchwandern, er siehet weder einen Menschen auf der Straße, noch an den Fenstern. Selbst die Hauptstraße, der Weinmarkt, und andere ähnliche sind sehr Menschenleer. — Wenn Herr S.... der Stadt Augsburg 34, ja gar 38,000 Inwohner gab, welches er aber nicht zu beweisen wagte, so ist es ihm in Rücksicht der Liebe zu seiner Vatersstadt zu verzeihen, wenn er die Volksmenge auf Kosten der Wahrheit vergrößerte. — Man kann die wahre Volksmenge einer Stadt nicht sicherer als durch die Geburtslisten finden. — Hier so lange die Stadt im Flor war, ist die Anzahl

zahl der Verstorbenen um ein beträchtliches kleiner gewesen, als die, der Gebohrnen. Bey dem gegenwärtigen Verfall der Stadt ist der Fall gerade umgekehrt. Die Zahl der Todten ist fast immer um 200 stärker als die, der Gebohrnen ꝛc."

Man sollte fast billiges Bedenken tragen, über die Schönheit oder Nichtschönheit der Stadt mit dem Verfasser dieser Stelle zu hadern. Er hat nun einmal seine eigene Weiße zu sehen und zu urtheilen, wie jeder — nach einem alten bekannten Sprichwort, seine Kappe. Wir kennen ja bereits seinen Maaßstab, und wollen ihm eben so gerne seinen recht männlichen Geschmack lassen; ja wenn dieß ihm in etwas schmeicheln sollte, wollen wir alle mit tiefester Demuth bekennen, daß unter allen abscheulichen Städten unsere Stadt die aller abscheulichste seye. Doch aber, wie! was sage ich? — Nein — ich will, und darf es wagen. — Ich behaupte das Gegentheil

gentheil — Wenn man in dieser Schwäbischen Hauptstadt etwa ein mit marmorsteinernen Pa= lästen ausgeschmücktes Livorno und Genua, oder ein mit ganz ebenen und durchgehends nach der Meßschnur gezogenen breiten Gassen prangendes Turin, und dergleichen Städte suchen wollte, so würde freylich eine solche Bemühung allerdings fruchtlos seyn; allein so viel ist doch gewiß, daß die Stadt Augsburg sich heut zu Tag in man= cherley Rücksicht, sowohl als Frankfurt, Leip= zig und Hamburg, unter die besten und berühmte= sten Städte Germaniens zählen dürfe. Und wer sollte dann derselben auch noch überdas sagar ihre Schöne absprechen können? Wie viele prächtige Wohngebäude finden sich nicht ebenfalls hier, die in großen Residenzstädten einem Fürsten zum bequemlichsten Aufenthalt dienen könnten? Ja täglich bemühen sich die Bewohner dieser Stadt, dieselbe mit den schönsten Gebäuden und Zierra= then zu verschönern, und täglich lassen sich neue Spuren des guten Geschmacks der Bauart darinn entdecken.

Der /

Der Verfasser erlaube mir aber auch zugleich, seine gründlichen Beweise von Entvölkerung und Menschenleerheit der Stadt, ein wenig näher zu beleuchten, und zu zeigen, ob er recht habe, Augsburg eine öde und entvölkerte Stadt zu betiteln, die mit den schlecht bewohnten Städten Italiens Capua, Ravenna, Pavia und dergleichen mehr, viel ähnliches haben sollte. Sein Beweiß beruhet auf der Bemerkung, daß man an hellem Mittage in ganzen Straßen nicht einem einzigen Menschen begegne, und auch keinen an den Fenstern erblicke. — An Sonn- und Feyertagen, wenn die Einwohner beym Gottesdienst versammelt sind, oder die größere Helfte der Stadt zu den Thoren ausgeströmt ist, siehet man freylich natürlicher Weise manche Straßen sehr leer und gleichsam verödet. Auch siehet man hier nicht das Gewühl fürstlicher Residenzen, nicht das Ab- und Zuströmen der Menge in Handelsstädten, welche bey einem kleinern Umfange 40 bis 60,000 Einwohner zählen, oder einen noch ausgebreitetern Handel treiben: indessen wird ein Reisender überall Menschen, junge und alte, von beyderley

Geschlech-

Geschlecht, genug antreffen, an denen der Verfasser seine Beobachtungskunst und seinen physiognomischen Scharfblick üben könne; glaubt Er aber festiglich, daß eine zahlreiche Zunft fauler Müßiggänger und unnützer Pflastertreter für den Flor eines Staats entscheiden müsse, so lassen wir ihn ruhig seinen Weg fortgehen; denn wir sind viel zu stumpf dazu, um solche tiefe Schlüsse zu begreifen, und viel zu eigensinnig, als daß wir ihm hierinn so blindlings Glauben beymessen sollten. Doch unsere Bewunderung können wir ihm nicht versagen. Welch ein Geniezug! Selbst die Fenster an den Häusern zum Beweiß der geringen Menschenzahl zu gebrauchen! Und wie! die Bewohner zeigen sich nicht oft an ihren Fenstern; also — sind die Wohnungen alle ausgestorben und leer! Und wie hat doch nicht das schöne Frauenvolk den lüsternen Fremdling erzürnt! Ein schmelzender Blick, ein freundliches Lächeln hätte seinen Unmuth verbannt, und uns seine Gewogenheit erworben; nun wird eure Sittsamkeit und häusliche Tugend an uns allen furchtbar gerächt. Eines jedoch kann euch euch hinwiederum beruhigen. — Ihr habt den

Genie

Genie zu einer neuen wichtigen Entdeckung geholfen. —

Es möchte uns aber vielleicht leichter seyn, den zweyten Hauptbeweiß unsers Freundes zu ergründen. Er vertieft sich zwar in die politische Rechenkunst, um auf mehr als einem Wege die äußerst geringe Zahl von 27,500. Einwohnern unserer Stadt herauszubringen; allein wir können doch dieser Methode mit unserer Fassungskraft folgen. Der ganze Beweiß dreht sich um den Lieblingssatz des Verfassers: Augsburg habe keinen Handel, kein Gewerbe ꝛc. Und dieß soll seiner richtigen Aussage gemäß, auch die Ursache seyn, daß man weder auf einen Ersatz der jährlich mehr Gestorbenen rechnen, noch die Anzahl der Gebohrnen höher nicht als 25, oder die Anzahl von 5500 Bürgern und Beysitzern höher als mit 5. vermehren dürfe; dann Fremde und Ledige giebt es allda, seiner Versicherung nach, so wenig als möglich, oder vielleicht gar nicht. So gewiß er weiß, daß man vor vierzig Jahren noch bey dem damals blühenden Handel und Wohlstand

stand der Stadt die Gebohrnen mit 30. multipliciren mußte, um die gesammte Summe der Bevölkerung zu finden; eben so entschieden ist es ihm, daß in diesem kurzen Zeitraume der Multiplikator um fünfe herabgefallen sey. Nach solchen Voraussetzungen läßt sich freylich alles beweisen; so kann er ja einmal, wenn ihm 27,500. noch zu viel sind, diese Zahl leichtlich auf die Helfte herabsetzen. Aber wo nun der Beweiß zu diesen kühnen Behauptungen? Bringen Sie erst, mein hochstudirter Herr, Ihren Hauptsatz, von dem Sie überall ausgehen, ins Reine, und dann wollen wir gerne alle Ihre Folgerungen für gültg erkennen. Biß dahin aber nehmen wir uns die Freyheit, Ihre Berechnung der augsburgischen Inwohner für das Produkt eines verdrehten Kopfes zu halten, und dagegen bey den bisherigen Angaben der Geographen stehen zu bleiben.

Was endlich Ihre Versündigung an einem hiesigen sehr würdigen und allgemein geschätzten Mann anlangt, welchen Sie, mein Herr, absichtlich und hämischer Weise bey dieser und anderer

derer Gelegenheit angreiffen, betrifft, so überlaſ-
ſen wir Sie der Beſchämung Ihres eigenen Her-
zens, woferne es derſelben noch fähig iſt. Jener
Edle iſt zu hoch über unſer Lob und Ihren Tadel
erhaben; sein Charakter und seine hohe Verdienste ſowohl im Litterariſchen als politiſchen Fache
haben ihm ſchon lange die Liebe und Verehrung
jedes guten Bürgers geſichert; und ſelbſt das
Ausland nennt ſeinen Namen mit Achtung, und
in den Jahrbüchern der Stadt wird er ewig un-
vergeſſen ſeyn. Aber Schande dem Sünder, der vor
dem Publikum zum moraliſchen Giftmiſcher wird,
und dergleichen Werke der Finſterniß ausheckt!

„Die Parität (heißt es ferner Seite 73.)
wird hier durch feſtgeſetzte Vorſchriften beſtimmt, und lauft ins unglaublich lächerliche
hinein. Selbſt Fiſcher, Karrenführer, Un-
ſchlittſchreiber, Stadtpfeifer, Kaminfeger,
Kalkmeſſer, Stubenheitzer, Weinzieher, Kalk-
brenner, und dergleichen wichtige Aemter müſ-
ſen

sen gleich und gleich von beyden Religionen besetzt werden; und wo ein Amt zu wichtig ist, zwey zu ernähren, muß ein Katholik einen Protestanten ablösen. In Augsburg hat also die Parität bis auf den Strasenkoth ihren Einfluß. Da nun Augsburgs Inwohner so eifersüchtig über dieser Parität wachen, so giebt es immer Raufereyen zwischen diesen beyden Religionspartheyen, die oft ernsthafte, meist aber lächerliche Auftritte erzeugen, wovon schon viele von Schriftstellern angeführt worden sind. Unter die lächerliche Auftritte dieser Art gehören auch die berühmt gewordene Augsburgische Toleranzpasteten, die ein toleranter Pastetenbecker jedem, ohne Unterschied der Religion, zu backen ankündigte; und daß bey solchen Umständen das Licht der Aufklärung nicht in diese finstere Stadt bringen könne, ist klar".

Was doch für Begriffe der Verfasser von Reichsstädtischer Parität haben mag! Sonst glaubt jeder, daß zur vollkommenen Gleichheit zweyer Religionspartheyen in Ansehung ihrer bürgerlichen Verfassung der Genuß völlig gleicher Rechte und Vorzüge erfordert werde: dieser Herr aber will sie, außer der freyen Religionsübung, auf einige höhere Stellen und Würden eingeschränkt wissen, und hält es für das Meisterstück der Parität, wenn der eine Theil alle niedere Bedienstungen — die größte Anzahl der Stadtdienste — nach Belieben besetzt, und der andere gedultig dabey zusieht; der eine seine Glieder versorgt, und der andere vernachläßigt. Wahrlich! eine schöne Toleranz — zum Nachtheil der ganzen Verfassung! bey welcher doch beyde Theile sich bisher sehr wohl und ganz vergnügt befunden haben; eine Verfassung, die durch den weltbekannten westphälischen Frieden gewonnen und garantirt worden ist. Und diesen Gegenstand behandelt der Verfasser mehr als einmal mit niedrigem Spotte, wozu der Witz eines gemeinen Karrenschiebers hinreicht; anstatt das Unschickliche und Verwerfliche einer solchen Einrichtung

richtung darzuthun, welches für ihn zwar anständiger, aber nicht so leicht gewesen wäre. Denn was er von öfteren Raufereyen, wie nicht weniger von denen daher entstehenden ernsthaften und lächerlichen Auftritten, davon sogar viele von Schriftstellern angeführt seyn sollen, daher schwäzt, das ist — gelinder läßt sich's nicht nennen — die helleste unverschämteste Lüge, ohne alles glaubwürdige Belegen in die Welt hineingeschrieben, um sich nur bloß auf Unkösten der Leichtgläubigen belustigen zu können. Wo sind denn die ehrlichen Schriftsteller, die je dergleichen Vorgänge in ihren Schriften erwähnt haben? Von vermummten Buben, in denen die Nothdurft des Leibs und Lebens fühlbarer spricht als die Stimme der Wahrheit, kann die Frage nicht seyn. Hundert Zeugnisse dieser Art wiegen weniger als nichts, und vermehren sich eben so leicht als die gefräßige Heuschreckenbrut, weil meistens ein Subler den andern kopirt.

Aber noch eins: die Toleranzpastete? Nun ja! solche gehört wenigstens in ein geographisches Lexicon,

Lexicon, so in zween dicken Oktavbänden besteht! Wer sollte das nicht einsehen? Wenn sie nicht gleich nichts beweißt. — Ein gewisser Koch machte etwa vor einigen Jahren in seinem Namen für sich selbst, nach eigenem Belieben in einem gedruckten Blättchen Jedermann bekannt, daß er einem wie dem andern, ohne Unterschied der Religion, Anweisung in der Kochkunst zu geben sich erbiete — Folglich ist der richtige Schluß vorhanden, es müsse die eifersüchtige Parität Augsburgs in Besetzung der Stellen, zugleich auch die lächerlichsten Auftritte erzeugen. Mehrers wäre überflüßig zu sagen, um diesem Schlusse die höchste Beweißkraft zu geben. So schwätzen die Herren, die so gerne an einer modischen Weltreformation arbeiten möchten, ohne Sinn und Verstand ins Gelage hinein. Aufklärung und Toleranz, diese segenbringende Tochter des Himmels müssen den Stürmern ihre heilige Namen preisgeben, womit diese die unselige Geburten ihres kranken Gehirns bezeichnen und für Göttergestalten aufdringen wollen: und wer sich vor diesen

Baalim

Baalim nicht beugt, der wird ohne Schonung den Baalim geopfert.

„Der große Rath besteht aus dreyhundert Personen von allen Ständen, welche die Stadtpfleger ernennen. Ordentlicher Weise kommt dieser Schwarm von Menschen nur am Wahltag zusammen, bey wichtigen Vorfällen aber auch außerordentlich".

In dieser Beschreibung kann ein doppelter Sinn liegen. Der mit seiner Verfassung bekannte Augsburger möchte demselben diese Bedeutung beylegen: die Personen des großen Raths werden jedesmal allein von denen Herren Stadtpflegern ernennt; wie es auch wirklich geschieht, in dem jeder derselben die abgehenden Glieder seiner Religionsverwandten nach Willkühr ersetzt. Andere hingegen könnten es also verstehen, als ob die dreyhundert Personen des großen Raths das Wahl-

Wahlrecht über die Oberhäupter des gemeinen Wesens ausübten. — Der nächste Sinn, den man in jenem Ausdrucke finden wird, und den der Verfasser selbst dabey gedacht zu haben scheint. — Allein dieß ist nicht wahr. Der innere Rath wählt allzeit die beyden ersten Regenten; der große aber hat nur das jährliche Bestättigungsrecht. Etwas mehrere Bestimmtheit im Ausdruck hätte die Zweydeutigkeit, und ein daher leicht entstehendes Mißverständniß entfernt; eine Pflicht, welche kein Schriftsteller, am wenigsten aber ein Geograph und Geschichtschreiber übertreten sollte!

„Der Handel der Stadt Augsburg (sagt er ganz trotzig) ist kaum noch der Schatten seiner ehemaligen Größe. Vormals konnten hiesige Kaufleute den Kaisern Millionen vorschießen, ganze Straßen auf ihre Kösten bauen, Länder ankaufen; jetzt kann die ganze Stadt Augsburg nicht einmal mehr eine Erleuchtung

leuchtung ihrer Straßen zu Stande bringen. Es sind zwar noch viele Handlungshäuser hier, die aber nur die Faktors anderer Kaufleute sind, und nur dazu dienen, die durch Augsburg von und nach Italien laufende Waaren zu spediren."

Nur die unverschämteste Frechheit kann die Handelschaft, die heut zu Tage in Augsburg florirt, so tief herabwürdigen. Es gehört gewißlich viele Schamloßigkeit dazu, sich solche Ungezogenheiten und handgreifliche Lügen zu erlauben, wodurch das Publikum schändlich geäfft, und eine ganze verehrungswürdige Volksklasse muthwillig entehret wird. Kennt dann nicht jedermann unsere hochansehnliche Wechselhäuser, deren überall bekannte Namen ich, um ihre Bescheidenheit nicht zu beleidigen, mich nicht einmal zu nennen erkühne, und welche jährlich die beträchtlichsten Summen für ihren Gewinn beziehen? Sollten dieselbe von einem auswärtigen hohen und höchsten

ten Hofe zum Vorschuß starker Geldsummen aufgefodert werden, so würde sichs bald zeigen, wie viel, und wie geschwind und bereitwillig sie dießfalls zu leisten vermögend sind. Hievon ein Paar ganz neue, bekannte Beyspiele. Man weiß, daß eines der ersten Wechselhäuser jene ansehnliche Summen, die bey der letzten Kaiserkrönung in Frankfurt erforderlich waren, alle baar vorgeschossen hatte; auch weiß man zugleich, daß bey dem unlängst geschehenen Durchmarsch des lbbl. Habbitischen Husarenregiments, ebenfalls von einer der ansehnlichsten Wechselstuben, eine sehr große Geldlieferung, unter dem Anerbieten einer doppelt größern Summe, in Zeit einer Viertelstunde gemacht worden ist.

Der hiesigen Wechselherren große Korrespondenz verbreitet sich über ganz Europa, ja selbst bis in die entferntesten Welttheile hinaus. Die Wellen des Meers tragen ihre reich beladene Schiffe; und sie senden die auserlesenste sowohl Zitzals andere Waaren bis nach Ost-und Westindien hinein. Ihnen verdankt Augsburg die freygebigste

bigste Unterstützung der hiesigen Armuth, und mit einem Wort, die rühmlichste Verwendung für das allgemeine Beste. Ein großer Theil der angesehensten und ältesten Patriziatfamilien sind mit ihnen durch eheliche Bündnisse verknüpft, und vorzügliches Ansehen und Ehre zeichnet sie aller Orten aus. Auch unter den übrigen zahlreichen Handelshäusern giebt es nicht wenige, welche recht ansehnliche Geschäften machen, welche vielen müßigen Händen tägliche Arbeit und Brod verschaffen, und mit ihren vorräthigen Waaren die auswärtigen Märkte beziehen.

Und, o wie bübisch! solche edle Männer in einem öffentlichen geographischen Lexicon zu lauter Faktors, Spediteurs, und besoldeten Knechten fremder Kaufleute herabzusetzen, zu Leuten, die etwa nur, um die nach Welschland, Frankreich, oder nach der Schweitz gehende Waaren weiter zu befördern, ihre mit zwölf und mehrern Handelsbedienten besetzte Schreibstuben eröffnet halten sollten? Pfuy der unverschämten Lüge! — Uebrigens kann auch der Mangel der nächtlichen Beleuch=

Beleuchtung der Häuser keineswegs dem angeblichen Verfall der Handelschaft beygemessen werden, indem just eben vorzüglich die meisten Häuser der hiesigen Herren Kaufleute, nebst verschiedenen anderen Bürgershäusern, nicht minder als die Ecken der Straßen, bey nächtlicher Weile aufs helleste beleuchtet sind.

„Unter den hiesigen Fabriken ist die von Schülische Zitzfabrik die ansehnlichste — außer dieser zählt man noch acht Zitz- und Kottondruckereyen, die alle den Namen von Fabriken führen ꝛc."

Gleichwie nach dem Willen des Verfassers der Handel der Stadt ein bloßes Schattenspiel vorstellen, und alle wohlthätige Geschäftigkeit hinausgebannt werden sollte, so mußte dann nothwendig auch denen dasigen Fabriken von seiner Feder das Urtheil gefällt werden! Nur eine wurde dießfalls von ihm begnadigt; denn die Ehre

mit

mit Midasohren bekrönt werden, schwebte dem Richter zu sichtbar vor den Augen. — Die von Schülische Fabrik ist schon zu lange im glänzendsten Rufe, als daß irgend ein Schwätzer etwas dagegen vermochte. Ihre prächtige Außenseite, welche mehr einem fürstlichen Pallast als einem Fabrikgebäude ähnlich zu seyn scheint, ist ihres innern Werthes und Vorzugs vollkommen würdig. Sie liefert lauter seltene, geschmackvolle, neue Arbeiten und Desseins, wofür sie dem besoldeten Zeichnungsmeister ein jährlich großes Gehalt entrichtet. In ihren Gewölbern findet man jederzeit die auserlesenste, reicheste, mit Gold und Silber bemahlte Stücke, deren Güte, Dauer und Schönheit jede Vergleichung mit den Englischen nicht allein aushält, sondern es werden auch, wie bekannt, die gedachte von Schüllische Waaren, sogar aus Augsburg nach London, verschickt; ja der Verschluß ihrer vortrefflichen Waaren verbreitet sich bis in die entferntesten Welttheile. Nach dieser belobten Fabrik verdienen aber auch noch andere dahier diesen Namen. Die meisten derselben schicken jederzeit auf
die

die Frankfurter und Leipziger Messen wohl 120 bis 130 schwer beladene Kisten mit den besten und außerlesensten Stücken. Darunter zeichnen sich ganz besonders die Matthäus Schülische und Gignouxische Fabriken aus. Jene, welche von drey Herren Compagnons geführt wird, unterhält beständig fünf bis sechshundert Arbeiter beyderley Geschlechts, welche alle (gleichwie dann auch solches bey allen übrigen Fabrikanten zu geschehen pflegt) zu Ende jeglicher Woche richtig und mit ansehnlichen Geldsummen ausbezahlt werden; und sie strebt ihrer obgedachten Namensverwandtinn mit ganz glücklich und gesegnetem Eifer nach; ja sie verdankt ihren Flor einer ehrwürdigen Wittwe, deren Andenken unvergeßlich bleibt. Frau Barbara Gignoux, eine einsichtsvolle, rastlos thätige Frau, welcher unstreitig im Tempel des Ruhms unter den merkwürdigen Personen der alten und neuern Jahrhunderten ihres Geschlechts eine Stelle gebührt, hat seit ungefähr dreyßig Jahren durch Geist und Muth ihre Fabrik so hoch erhoben, daß sie sich unter die vorzüglichsten Handlungshäuser hiesiger

Stadt

Stadt zählen darf. Diese Frau führt ein Geschäfte, dem schon oft geschickte Männer untergelegen sind; sie theilt täglich bey fünfhundert Arbeitsleuten ihr gehöriges Tagstück zu, siehet mit scharfem Blicke überall nach, lieset und unterschreibt, unerachtet ihres zunehmenden Alters, in ihrer mit vielen Personen versehenen Handelsstube, alle Wechselbriefe und Rechnungen selbst; ja überhaupts siehet sie der Einheimische, so wie der Frembling, mit Bewunderung an, sie, auf deren wohlthätige Hände auch der Dürftige und im Elend schmachtende einen gesicherten Anspruch machen darf. — Und hieraus siehet man, was auch einzelne Personen, die ihre Verstandskräften und die edle Zeit wohl zu benutzen wissen, in der Welt wirken, und Gutes ausrichten können.

„Die viele schöne, genaue, und mit Fleiß gearbeitete mathematische und mechanische Instrumente, die für Gelehrte und Handwerker hier verfertigt werden, verdienen Achtung ꝛc. ꝛc."

Das erste und letzte unpartheyische Urtheil des Herrn Verfassers, dem, einen einzigen kleinen Ausbruch seiner Bitterkeit abgerechnet, nichts weiter als größere Vollständigkeit zu wünschen wäre! Augsburg hat außer den genannten annoch etliche talentreiche und auflebende Köpfe, welche nicht weniger hier eine Stelle verdienten. Sollte der Verfasser nichts vom berühmten Erfinder des Forte-Piano-Flügels gehört haben, eines Genies, so in der musikalischen Geschichte Epoche macht?

„Erst seit dem wir Steinische Flügel haben, „(sagt ein großer Komponist) dürfen wir für die„ses Instrument Schwürigkeiten schreiben. Stein „hat es vom abscheulichen, undeutlichen Geräusch „und Gerassel befreyt, von übertriebener Künst„lerey gereinigt, und dadurch in ein so einfaches, „dauerhaftes, harmonisches Werk umgeschaffen, „daß es bey allen Nazionen Beyfall und Vorzug „verdient." Man würde demnach in der That das größte Unrecht begehen, wenn man diesen großen Künstler in die Klasse der gemeinen Klaviermacher herab herabwürdigen wollte. Stein ist selbst Musiker, kennt genau die Bedürfnisse seiner Kunst, und hat die ihm nützlichen Theile der Mechanik gründlich studirt. Das für seine vortreffliche Tochter, einer geistvollen, unvergleichlichen Spielerinn, verfertigte neue Instrument, welches er Harmonika-Flügel nennt, giebt den vollkommensten Beweiß seines schöpferischen Geistes. In einem unbegreiflichen Grade hört man da das Abnehmen und Wachsen der Töne, sie steigen wie Wogen zur allgewaltigen furchtbaren Höhe, und sterben wieder dahin, gleich dem Hauche des lispelnden Zephyrs, wenn er sich allmählig in den Lüften verliert. Die Erfindung seiner Melodika, welcher bereits in verschiedenen Schriften rühmlich gedacht wurde, und einige vortreffliche Orgelwerk von seiner Meisterhand, haben ihn schon früher bekannt gemacht. Steins Name bedarf keiner Lobeserhebung mehr, er ist bereits allein die beste Empfehlung für ein Fortepiano; jeder nicht unbegüterter Liebhaber will und sucht ein Steinisches Werk; ja selbst Königinnen haben ihn mit ihren Aufträgen beehrt. Er besitzt dabey eine seltene

tene Eigenschaft großer und kleiner Künstler —
Bescheidenheit. Auch war er nie Auspoſauner
ſeiner künſtlichen Werke; er überließ dieſe ihrem
eigenen Schickſal, und jene Methode denen, die
ſie vortheilhaft finden.

Dem hieſigen Handelsmann Herrn Johann
Friedrich Hrinle, welcher ſich dem Publikum
als Erfinder eines wunderbaren Mechanismus für
gar noch nie geſehene Schiffe, um ſelbige auf dem
wilden Meere mitten unter Sturm und Wellen zu
gebrauchen, angekündigt hat, iſt ein großes und
gewiß hochſchätzungswürdiges Talent nicht abzu-
ſprechen. An ſeinen Wollſpinn = und anderen
dazu gehörigen Maſchinen hat er viele nützliche,
zweckmäßige Maſchinen angebracht, deren Werth
die angelegten Proben ſeiner Spinnerey außer
Zweifel ſetzten.

Unſerem Dantel wieſe die Geburt ſeinen Wir-
kungskreis in der Weberzunft an, aber die Göt-
tinn Erfindung hatte ihn für eine höhere Sphäre
beſtimmt. Schon frühe erwachte in ihm die Liebe

be zu derjenigen Kunst, mit welcher er sich jetzt in Ruhestunden zu beschäftigen sucht. Er kannte aus eigenen Beobachtungen den Lauf der Gestirne, ehe er ihre Namen noch wußte, wofür er sie indessen mit selbstgewählten bezeichnete. Aller Anweisung beraubt, wagte er sich an die Verfertigung verschiedener Hanguhren, und es gelung ihm, sehr schöne Stücke zu verfertigen. Zwey neue, erst vollendete Arbeiten bewährten noch mehr seinen Beruf zu mechanischen Kunstwerken. Nach Bodens und einigen andern Schriften brachte er ein kopernikanisches Sonnensystem, und eine Sternenuhr zu Stande, wobey er alle Schwürigkeiten glücklich überwunden hat. Das eine giebt einen anschauenden Begriff von den Bewegungen der Erde, und ihres Trabanten, der Venus und des Merkurius: der Mond erscheint in seinem Auf= und Absteigenden Knoten; und das Ganze wird durch ein Getriebe bewegt, welches auch rückwärts geführt werden kann, um den jedesmaligen Stand dieser Planeten zu erkennen. An der Sternenuhr erblickt man den gestirnten Himmel, wie er sich das Jahr hindurch

dem

dem Auge des Beobachters dargestellt; zugleich findet man darauf die Bestimmung der Zeit in allen Gegenden unsers Planeten: es wird von dem Uhrwerk regiert, das darüber angebracht ist, und die gewöhnlichen Stunden zeigt. Man sie=
het hieraus, daß der Mann dieser gegenwärtigen Schilderung allerdings würdig ist, und daß er in die Zahl der aus eigener Kraft und ohne Studien sich bildender und erhebender Köpfe gehöre.

Nun aber gehen wir weiter, um zu verneh=
men, wie Seite 78. des beliebten geographischen Werks, auch unsere löbliche Gesellschaft der Herren Künstler und Kunstverleger geschildert wird. Hier sind davon die eigenen Worte:

„Die Kupferstecherkunst, die ehemals in Augsburg so schön blühete, hat sich unter ei=
nen andern Himmel geflüchtet. Haid, der in der Schwarzkunst arbeitet, ist noch der einzi=
ge, der den Namen eines Künstlers verdient.

Die

Die Arbeiten der übrigen sind nicht mehr als elende Marktwaaren, und die Gegenstände ihrer Arbeiten sind Heiligen, womit die Kapuziner die Straßenjungen beschenken, oder Nachstiche, mit welchen sie die guten Arbeiten anderer Meister entstellen und beschimpfen. Es existirt zwar hier eine sogenannte Künstler=akademie, welche topographische und historische kleine Stücke, meist Aussichten von Städten, Klöstern und einzelnen Gebäuden sticht und herausgiebt, sie sind aber nur Nachstiche, und wie der Augenschein unwidersprechlich lehrt, nur elende Handwerksprodukte der Anfänger, die gar keine Zeichnung enthalten. Diese Künstlerperiode ist für Augsburg nun vorbey".

Sonderbar, daß hier allein der Kupferstecher gedacht wird: oder gehört die Mahlerey nicht auch unter die zeichnende Künste? Mußte ja Augsburg

burg auch von dieser Seite bekrittelt, und der gegenwärtige Zustand der Kunst mit Rücksicht auf vergangene Zeiten beschnarcht werden! Warum aber einen der edelsten Zweige derselben vergessen? War denn dieser, überall Kunstkenntniß affektirende Mann wirklich so fremde, um nicht einmal zu wissen, daß ehedessen Augsburg besonders auf seine Mahler stolz seyn konnte, deren Verdienste und Namen nur dem Halbkenner unbewußt sind? Noch jetzt kann diese Stadt ihre vorzüglich berühmte Männer, beynahe aus jedem Fache der Mahlerey aufweisen. Huber im Geschichtsstil, Degle im Portrait, Walch im Miniaturgemählde, Frey in der Landschaft, Dänzel in Kabinets = und Conversationsstücken, Baumeister in Blumen und Fruchtmahlerey — sind Künstler, die alle Bewunderung und Beyfall verdienen, und die dieser Hauptstadt zur wahren Zierde gereichen. Von einigen jüngeren Söhnen und Zöglingen der Kunst ist mit der Zeit noch viel mehrers zu erwarten.

Ein in der Bildhauerey hervorstechendes Talent dürfen wir hier ebenfalls unter andern Künstlern aufführen. Mit einer fruchtbaren Phantasie, welche, genährt vom Geiste der Griechen, die schönsten und geschmackvollesten Ideen gebiehrt, an der Hand einer sorgfältigen, richtigen Zeichnung, und von der Kunst der reinen, überdachten, steißigen Ausführung begleitet, bringt unser Ignatz Ingerl statuarische Werke hervor, die sich weit über die Geschöpfe des gewöhnlichen Meisels erheben. In seiner Werkstätte entstehen immer neue und Bewunderung erregende Denkmaale dieser erhabenen Kunst. Entfernte Gegenden suchen Arbeitsstücke seiner Hand zu erhalten; und jener große Kenner und Schätzer der Künste, der regierende Fürst von Oettingen Wallerstein besitzt ein herrliches Monument, welches er dem Andenken seiner vollendeten Gemahlinn weyhte, von eben gedachtem Meister.

Der Vorwurf, daß die Künstlerperiode Augsburgs nun vorbey sey, trifft auch eben so wenig die edle Kupferstecherkunst. Wer nun nach gemeinen Verlagsartickeln urtheilt, der hat

hier

hier gar keine Stimme. Die jährliche Ausstellung der Kunstarbeiten ist ein redender Zeuge, daß gebohrne Augsburgssöhne den Grabstichel noch eben so geschickt, wie ihre Vorältern zu führen gelernt haben. Klauber in Paris mit dem Karakter eines königlich französischen Hofkupferstechers; Thelott in Düsseldorf mit einem churfürstlich pfalzbajerischen Gehalt; Eichler in Bern; Hübner, der zu Christian von Melchel, Mitglied verschiedener Akademien, um demselben die raresten Kunststücke zu verfertigen, berufen worden ist; Möglich in Nürnberg — machen ihrer Vaterstadt im Auslande Ehre, und legen durch ihre eingeschickte und öffentlich ausgehängte Arbeiten lauter redende Beweise ihres Kunstfleißes, und der großen Fortschritte ihrer Geschicklichkeit dar. Die Stadt selbst besitzt hier einen Schleich, der nicht nur in gestochenen Blättern viele Eleganz mit Kraft und Ausdruck vereinigt, sondern sich auch in der so beliebten englischen rothen und kolorirten Manier schon sehr rühmlich hervorgethan hat. Schön, der würdige Schüler desselben, erregt viele Erwartung; seine Proben Zeugen vom wahren Talente. Stengelmayer sticht sehr artige, angenehme Stücke; besonders gefallen seine verfertigte Werke nach Teniers und Brouwer. Leizel, nebst noch manchen anderen dieser Kunst, können ebenfalls sehr gute, beyfallswerthe Stücke verfertigen, wenn sie ihnen — bezahlt werden. Auch Grave ein vorzüglicher Meister unter den Goldschmieden muß hier genannt werden. Er besitzt die Gabe der Erfindung in hohem Grade, zeichnet und bossirt nach neuestem Geschmacke, bildet Modelle, wornach Andere arbeiten können, und verfertigt selbst die schätzbarsten Arbeiten in Gold. Aus Fabrikarbeiten wird der Werth des Künstlers nicht erkannt, auch von dem, der mit Einsicht urtheilt, nicht darnach abgewogen.

Will übrigens der Verfasser behaupten, daß man von hier aus, nur schlechte und abgeschmackte Krämerwaaren auf die Märkte liefere, so darf er sich dagegen nur die Mühe nehmen, den hiesigen berühmten Kunstverlag der Herren Tessari in Augenschein zu nehmen, als welche zugleich auch in London, Brüßel und Paris

ris die mit den auserlesensten und herrlichsten Kupferstichen angefüllte Waarenläger unterhalten. Kurz, noch zur Zeit scheint es gar nicht, daß Augsburg von einer angedichteten Auszehrung sollte können verschlungen werden. Eine Stadt, aus der man die Künstler in die größten auswärtigen Residenzstädte, um allda schöne und auserlesene Arbeiten zu verfertigen, hinberuft, muß gewißlich keine finstere und schmacklose, sondern vielmehr eine berühmte und in Segen blühende Stadt genannt werden können. So ist dann wohl der gute Genius der Kunst noch nicht von uns als verbannter Flüchtling entwichen! Fühlen wir gleich etwas leiser sein Wehen, das ehedem rauschender war, so empfinden wir seine erfreuende Gegenwart doch; und es ist vielleicht kein Traum, wenn wir hoffen, daß er mit neuer Kraft sich wieder aufschwingen werde. Wenigstens wird er noch länger da verweilen, wo mehrere Freunde zu seinem Schutze sich verbinden; und ihm aufrichtig ihre Ehrfurcht beweisen.

„Die

„Die mit der Akademie verbundene Zeichnungsanstalt ist im Jahr 1780. von einer Gesellschaft zur Beförderung der Künste gestiftet worden, und ist an Sonn- und Feyertagen — außer dem Gottesdienste — offen. Ihr Sammelplatz ist auf dem Mezgerhause."

Bey so viel Geschwätz und Salbaderey über die Kunst, hätte man etwas Bestimmteres und Interessanteres von dieser Anstalt erwarten sollen. Indessen fand es der Verfasser seiner Convenienz nicht gemäß, überhaupts seinen Leser recht zu belehren. Eine Verbindung zu Beförderung der Künste in einer Stadt, von welcher er die Künste bereits vertrieben hatte, konnte ihm nicht sehr gefallen. Desto weniger kann sich der Patriotismus das Vergnügen versagen, den Zweck, Umfang und Erfolg jenes Unternehmens getreu vor Augen zu stellen. Es ist nämlich ganz das Werk einer Privatgesellschaft, welche aus den freywilligen jährlichen Beyträgen ihrer Subskribenten die Lehrer besoldet, verschiedene Muster zum Zeichnen und

und nützliche Kunstsachen für die Schüler herbey=
schaft, und jedesmal an Ostern vor einer glänzen=
den zahlreichen Versammlung mehrere Preise fey=
erlich austheilt. Von dieser Zeit an, sind auch
die gekrönte Stücke sowohl, als viele eingelieferte
Arbeiten in dem dazu gewidmeten Saal des Metz=
gerhauses, welchen ein schöner Plafond von Hu=
ber ziert, etliche Wochen hindurch der allgemei=
nen Anschauung ausgesetzt. Der Künstler kann
sich dadurch öffentliche Ehre und Ruhm erwerben,
und einen mächtigen Sporn zu Fleiß und Studien
finden. Der talentvolle Knab oder Jüngling sie=
het hier Ermunterung und Unterstützung; und
dem Lehrlinge der Gewerbe, dem künftigen Pro=
fessionisten und Handwerker eröffnet es den Weg,
zu größerer Vollkommenheit in seinem Ge=
schäfte zu gelangen.

Dieser letztgenannte Nutzen ist vorzüglicher
Zweck jener Anstalt. Der Staat will geschickte
Arbeiter haben; viele brauchen Zeichnung dazu,
je besser sie diese verstehen, je mehr Geschmack sie
damit verbinden, desto vollkommener und gefäl=
liger werden ihre Produkte. Aber nur zu oft fehlt

es

es solchen Leuten an der frühern Anweisung und gründlichen Belehrung; diesem Mangel soll das hiesige Institut möglichst abhelfen, und darum giebt es an Sonn- und Feyertagen freyen Unterricht. Die bisher aufgestellten Proben in Zeichnungen, Rissen, Modellen und vollendeten Stücken haben auch gezeigt, daß die Gesellschaft ihre Absicht immer glücklicher erreiche. Man sahe architektische Aufrisse, Fabrik- Desseins, Goldschmieds- Gärtners- Tischlers- Schlossers- und andere ähnliche Zeichnungen, Modelle von Gebäuden, Mühlen, Bildhauerarbeit — welchen man den Preis oder belohnende Zufriedenheit nicht versagen konnte. Ueberhaupt liefert die jährliche Ausstellung mannigfaltige Werke des Kunstfleißes: Akte nach dem Leben und nach dem Runden gezeichnet; Zeichnungen nach dem Flachen, und inventirte Stücke; Mahlereyen mit Oel und Wasserfarben, theils kopirt, und zum theil selbst erfunden; Kupferstiche, sowohl in Portraits, als in historischen und andern Bildern, größtentheils nach Originalgemälden bearbeitet; radirte Blätter, schwarze Kunst, Holzschnitte; bossirte Stücke, in

ein-

einzelnen Figuren und ganzen Gruppen, halb erhoben und frey; Bildhauer= und Bildarbeit; Architektur und Mechanik, worinn nicht nur Schüler, sondern auch Meister ihre Kräfte öffentlich zeigen. Unter den Arbeiten der Dilettanten, welche in beträchtlicher Anzahl mit aufgestellt werden, bemerkt man mehrere mit Vergnügen. Am meisten bewundert man die berühmte Klavierspielerinn Frau Anna von Schaden, als eine äußerst feine und gefühlvolle Zeichnerinn; wie auch Herrn Anton Christoph Gignoux in der Landschaftsmahlerey — Und hieraus mag nun das neue Kunstinstitut beurtheilet werden.

„In der Akademie wird nach großen Antiken — wie sich Herr von St.... ausdrückt — gezeichnet. Diese sind aber nicht jene vortreffliche griechische und römische Urbilder, welche der Reisende in Italien bewundert, sondern diese großen Antiken sind — Gypsfiguren".

Wahrhaftig viel Weisheit! oder viel Thorheit, mit kindischem Dünkel gepaart. Vortreffliche Urbilder der römischen Bildhauerkunst? — Wo mögen wohl diese seyn? Man kannte bisher nur die Werke der Griechen als erhabene Muster, und glaubte, daß die Römer darinn erstaunlich weit hinter ihren Lehrern zurücke wären. Es wurden freylich in Rom herrliche Denkmale verfertigt, — aber von wem? Von griechischen Künstlern, die eben daselbst, des milden Himmels und der Freyheit beraubt, vom hohen Ideale des vaterländischen Geistes immer tiefer herabsanken. Die schönsten, bewundertsten Werke, welche dem Verderben entgiengen, sind Werke des freyen griechischen Genius in seinem kraftvollen Alter. — Daß diese Meisterstücke, in deren Besitz größtentheils Italien ist, nicht eben so, nämlich von Marmor oder Erzt, zugleich in Augsburg sich befinden. — Ist eine große Entdeckung — und kein geringes Verdienst dieses tiefsehenden Kopfes, vor einem so natürlichen und höchstgefährlichen Irrthume gewarnt zu haben. Wie leicht wären selbst die ersten Alterthumskenner an dieser Klippe gescheitert,

wenn

„wenn sich nicht der Himmel erbarmt, und ihnen einen so erfahrnen Steuermann zugeschickt hätte. — Nicht genug! dieser Liebling des Apolls ist unerschöpflich in seinen Bemerkungen, für welche ein **Winkelmann** zu stumpfsinnig wäre. In wenigen Zeilen beschenkt er uns mit einer dritten, sehr wichtigen, artistischen Wahrheit. Unsere schönen Abgüsse von **Laokoon**, dem Borghesischen Fechter, **Ganymed** und andern, welche wir bisher mit allen Kunstverständigen für Antiken hielten, sind eigentlich, wie er uns versichert, nichts mehr und nichts weniger als — **Gypsfiguren**. Daß die Masse derselben aus Gyps, und nicht aus altem Marmor bestehe, wußten wir lange, waren aber der Meynung, daß dieß dem Kunstwerke nichts schade, und es dem ungeachtet eine ehrwürdige Reliquie griechischer Unübertrefflichkeit sey. Auch unterschied sonst jeder Kenner **Kopie** und **Abdruck** genau voneinander, und gab diesem gleichen Werth für die Kunst mit dem Originale von Stein. Nun, gute Nacht! Thörichter Wahn! Die Masse ist es, was die Antike bestimmt! nicht die himmlische Schönheit, die Griechenlands chenlandsſöhne dem unförmlichen Stoffe mittheilten, und welche die Sorgfalt des Gießers in einen andern ungeſchwächt überträgt. Wer nicht einen uralten bemeiſelten Marmor beſitzt, hat keine Antike; Apoll und Amor ſind ja nur Gyps! —

Von der neuen Armenanſtalt heißt es alſo: „Dabey iſt doch gewiß dieſes nicht zu loben, daß man im Jahr 1788 alle die Namen derjenigen, die etwas aus dieſer Anſtalt, und wieviel ſie erhielten, öffentlich bekannt machte, und dadurch manche ſchamhafte Arme beſchämte, und kränkte. Kann man denn in Augsburg nichts vernünftiges, edles, ſchönes und großes thun, ohne zugleich etwas unvernünftiges zu begehen, oder hat man in Augsburg keinen Begriff von dem Wort: ſchamhafte Arme?"

Wie wahr das Sprichwort: die Kröte ſpeyt überall Gift! wenn doch der Verfaſſer der ganzen Anſtalt Unvernünftigkeit aufbürden könnte!
Die

Die schamhaften Armen mögen sich freuen, einen so würdigen Beschützer zu haben; wir aber wollen das Recht seiner Ansprüche prüfen. Jedes Ding hat seine Erfahrung, hat eine doppelte Seite, und von jeder erscheint es oft anders. Nur die eine Seite zu sehen, ist die Weise aller thörichten Menschen, sie nehmen die Sache, wie sie beym ersten flüchtigen Blicke sich empfiehlt, ihr Auge ist wohl gar ein Schalk, und daher hat die Welt einen so reichen Schatz unvernünftiger Meynungen und Urtheile. Bey einer genauen Prüfung wird sich auch die Gabe des Verfassers zu Sehen und zu Beurtheilen zeigen. Eine gedruckte vollständige Liste der Armen, welche von der öffentlichen Anstalt Unterstützung erhalten, war schon öfters der Wunsch vieler Kontribuenten gewesen. Nicht Mißtrauen, — der gute Bürger konnte keinen Verdacht gegen die gewissenhafte Verwaltung hegen. — Aber die Betrachtung wichtiger Vortheile, die davon zu hoffen waren, hatten bey rechtschaffenen und verständigen Wohlthätern jenen Wunsch hervorgebracht; und es gereicht unfehlbar den edlen Vorstehern der Armen

zum

zum wahren Ruhm, daß sie die Erfüllung desselben nicht verweigerten. So handeln Männer, welche Achtung für die Stimme ihres Publikums haben, und alle Augenblicke bereit sind, öffentlich Rechnung abzulegen. Die Vortheile, welche man sich da versprach, sind die: **Erweckung** zur größerer Mildthätigkeit bey denen, die nicht glauben ohne zu sehen, bey denen, die den nichtigsten Vorwand gerne ergreifen, wenn ihr Herz die Pflicht der Menschenliebe abtragen soll: **Leichteres Bemerken der Schleichwege**, auf denen schamlose Bettler zum Nachtheile würdiger Armen so oft wandeln; indem sie nicht nur ohne Noth den Wohlthäter in seinem Hause belästigen, sondern auch mit dem Vorgeben, daß sie gar nichts, oder äußerst wenig von der Anstalt empfangen, ihn schändlich berücken. **Heilsamer Zwang für manchen unnützen Müßiggänger**, sich auf eine ehrliche Art sein Brod zu erwerben, weil ihn sonst die Armenliste vorzeigt: und **Empfehlung dieses oder jenes wahrhaft Dürftigen in die stille, und verborgene Gutthätigkeit des Menschenfreundes**; denn in einer großen Stadt, wie Augsburg,

bleibt

bleibt uns mancher Nothleidende, den wir in beſ⸗
ſern Umſtänden kannten, bey ſeinem Drucke un⸗
bekannt; wir wiſſen nicht, oder erfahren erſt ſpät,
wie kümmerlich ſein Schickſal ſey; aber ſein Na⸗
me im Verzeichniſſe der Armen macht uns auf⸗
merkſam, und wir ſäumen nicht, ſeinen Kummer
nach Vermögen zu lindern. — Sollte das —
und es könnten vielleicht noch mehrere genannt
werden — nicht Vortheile ſeyn, die ein kleines
Uebel wohl aufwiegen? oder iſt das Uebel, wel⸗
ches unſer Philoſoph wahrnimmt, wirklich ſo
groß, daß der Entfernung deſſelben jedes andere
Gute muß aufgeopfert werden? Er ſelbſt wird
uns freylich aus eben dieſer Frage ſonnenklar
beweiſen, daß wir keinen Begriff davon ha⸗
ben; — doch dieß ſchreckt uns nicht ab, mit Fra⸗
gen uns noch weiter zu quälen. Alſo: wieder⸗
fährt denn dem ſchamhaften Armen wahre
Schmach und Nennung ſeines Namens? Verliert
er das mindeſte in den Augen der vernünftigen
Welt? Soll er demnach auch keiner Anſtalt ſich
entdecken, weil er da niemals ganz verborgen

bleiben

bleiben kann, und nothwendig mehrere Personen Kenntniß von seiner Aufnahme erlangen? Oder wird die Bedenklichkeit dem Bedürfnisse weichen müssen? Wo ist überhaupt etwas Gutes auf Erden, das ganz frey von Uebel und Ungemach wäre?

„Die Sitten der Augsburger sind noch eben so steif als ihre Kleidertrachten, und so wie jene aus dem fünfzehenten Jahrhundert. Ein Reisender fühlt hier schon, daß er sich Bayern, dem Vaterland der Geschmacklosesten Kleidungen nähert. Die Bürger Augsburgs gehen, wie in andern Ländern die Bauern, mit abgeschnittenen Haaren, in Röcken von dem abentheuerlichsten Schnitte, mit entsetzlichen Aufschlägen und kurzen Ermeln. Die Frauenzimmer haben eine eigene abgeschmackte Nationalkleidung, und höchst selten siehet man ein nach der Mode gekleidetes Frauenzimmer mit

dem

dem bey allen gesitteten Nazionen jetzt so beliebten Hute".

Keckheit besitzt der Verfasser genug; aber zum getreuen Erzähler ist er gänzlich verdorben. Er taugt nicht einmal zum erträglichen Mahler der Kleidung, wozu doch mehr nicht als ein gesundes Auge gehört. Seine Bilder sind chinesische Figuren und Fratzengestalten, Abdrücke seiner eigenen todtkranken Phantasie, in denen er sich unaussprechlich wohl gefällt. Kein Zug trifft mit der Wahrheit außer ihm zusammen. — Unsere Bürger tragen größtentheils die Haare oder Peruken nach der Sitte aller anderen Städte und Länder in Deutschland, Frankreich und Italien; die wenigsten bedienen sich des kurzen Schnitts der Haare, der nur einigen Handwerkern und Zünften eigen ist. Ob sie deswegen als Bauern erscheinen, mögen andere entscheiden. Der stolze und über alle Nazionen sich erhebende Spanier bleibt dieser Mode getreu; sie ist wohl auch die natürlichste und vernünftigste unter allen. Natur und

und Bequemlikeit reden ihr das Wort, und der Wohlstand und gute Sitte werden keineswegs durch sie beleidiget. Die Schönheit des preußischen Zopfs, des französischen Haarbeutels, und der seltsamen Peruke kann nicht jeder empfinden; Man muß erst den Geschmack des Verfassers besitzen: und wenn die englische Manier mehr empfehlendes hat, so ist sie doch weder allgemein brauchbar, noch vollkommen schön. Der griechische Geschmack würde gewiß allen diesen Zierrathen seinen Beyfall hartnäckig versagen. —

Von der beschriebenen Kleidertracht müssen wir schlechtweg behaupten, daß es bey uns gerade umgekehrt sey. Urgroßväterliche Röcke der Männer sind eine höchstseltene Erscheinung: unter zehen tausend Menschen stößt man zuweilen auf einen abgelebten Greisen, der sich von seinem alten Gefährten nicht mehr trennen mag; man siehet ihn mit Ehrfurcht, ohne seines altmodischen Kleides zu spotten. Die weibliche Tracht hat seit mehreren Jahren eine große Revoluzion ausgestanden. Sie sind verschwunden — die abentheuerlierlichen Röcke, und Hauben und der ganze Anhang, worinn unsere Großmütter figurirten. Man entdeckt kaum noch eine Spur hie und da; bald wird es unmöglich seyn, ein lebendes Muster zu finden; in Ahnenportraiten und Kupferstichen kann man sie desto häufiger sehen. Nur hüte man sich, dem Ehrenmanne, unserm Erzähler, zu glauben, daß diese die heutige Nazinalkleidung unsers schönen Geschlechtes vorstellen. Frankreichs Sitte ist auch auf unsern Boden gepflanzt, und gedeyht immer besser; sie bringt mit jedem Jahre reichlichere Früchte. Was nicht in die unterste Klasse gehört, wählt gern die herrschende Mode; oft tauscht man gegen sie den vorigen auch nicht altschwäbischen Anzug, mit Freuden um; der Hut ist der Liebling der Mädchen und Damen. Luxus und Modesucht nimmt leider nur allzusehr überhand; und es wäre zu wünschen, daß diese Art der Verfeinerung bald wieder in ihre Gränzen zurückgeführt würde.

„Die

„Die Belustigungen der augsburgischen Bürger bestehen vorzüglich an Sonntägen darinn, nach Oberhausen, oder den sieben Tischen, oder auch auf entferntere Oerter zu fahren, dazu haben sie leichte zweyräderige unbedeckte Gefährte, die denjenigen gleichen, die im Venezianischen üblich sind. In dieses Fuhrwerk spannen sie ein Pferd, setzen sich mit ihren Weibern oder Dulzineen hinein, kutschiren selbst, und rasen mit der möglichsten Geschwindigkeit davon, dann setzen sie sich zusammen, verschlingen eine ansehnliche Portion Bier oder Wein, Kannengießern, oder spielen, und fahren dann wieder nach Haus."

Auch in dieser Vorstellung ist verschiedenes zu berichtigen. Die meisten Einwohner Augsburgs machen ihre Spaziergänge mit Weib und Kind zu Fuße, gerade so wie es anderswo zu geschehen pflegt: denn sie sind weder zu kraftlos, noch zu gemäch=

gemächlich, sich eine eigene gesunde Bewegung zu geben. Man kann sich des Lachens nicht enthalten, wenn der Verfasser, Er, der in Augsburg lauter Elend und Armuth erblickt, ganz treuherzig sagt, daß unsere Bürger in Fuhrwerken fahren. Wagen und Pferde kosten Geld, es ist ein theures Vergnügen, das kein Unbemittelter öfters genießt; und eine Stadt, deren Bewohner, um die Füsse zu schonen, mit Roß und Wagen nach ihren Belustigungsorten hineilen, müßte eine wohlhabende, blühende Stadt seyn. — Aber die Herren dieses Gelichters wissen selten recht was sie wollen. — Venezianische Gefährte sind bey uns gar nicht gewöhnlich; wir haben vierräderige Schäsen und Spazierwagen von älterer und neuester Gattung. Der ersten bedienen sich noch einige Bürger, die zu ihrem Gewerbe ein Pferd nöthig haben, zum Beyspiele, Bräuer, Mangmeister, Fleischer und dergleichen, diese spannen nur eins vor. Zuweilen nimmt der vermöglichere Bürger ein Gefährte vom Lehnkutscher, fährt aber dann mit zweyen spazieren. Die höheren Stände halten die schönsten Equipagen; man
siehet

siehet bey ihren Spazierfahrten die neueßten und geschmackvollesten Wagen, und sie sind größtentheils hier gebaut und verfertigt.

Außer den vielen reizenden Gegenden, die Augsburgs benachbarte Wälder darbieten, wird das nächstgelegene Dorf Göggingen am häufigsten besucht. Es hat seit etlichen Jahren vortreffliche Anlagen erhalten: ein englischer Garten des Herrn von Ritsch, einige schöne Lusthäuser hiesiger vornehmen Kaufleute, ein Paar bequeme und gut eingerichtete Gasthöfe, samt einem sehr angenehmen Baumgarten machen diesen Ort zu einem Lieblings Aufenthalt der Augsburgischen Bürger. Der Ort hat viele Uhrmacher, verschiedene sehr geschickte Profeßionisten mancherley Art, samt einer Seidenfabrik, die ein Privateigenthum ist. Wenige Dörfer werden sich so sehr über das Gewöhnliche erheben. In dieser Rücksicht hätte es im Schwäbischen Lexicon an seiner Stelle eine bessere Beschreibung verdient.

Die

Die Belustigungsart des gemeinen Volks wollen wir dem Verfasser nicht bestreiten. Diese Klasse hält überall viel auf Essen, Trinken und Spielen; Kannengießern ist ihre Lieblingsbeschäftigung; sie hat auch das Recht, ein Wort mit zu reden! es schadet nichts, und schafft ihr manche frohe Stunde. Wohl dem Staate, wo der Bürger diesem Hang ungestört folgen darf; wo weder ein eisernes Joch der Knechtschaft, oder die Geisel unerschwinglicher Auflagen seine fröhliche Stirne zur Erde niederbeugt; und seinem Genuß ein kärgliches Manß setzt, noch tausend verrätherische Ohren ihn belauschen. Dem Menschenfreund ist es allzeit ein erfreulicher Anblick, die thätigste und schätzbarste Gattung der Menschheit, die die ganze Woche hindurch im Schweiße ihres Angesichts arbeitet, und oft mit schweren Sorgen ringet, an einem Ruhetage ganz der Freude und Fröhlichkeit überlassen zu sehen.

„Die vornehmern besuchen Gesellschaften, theils in Häusern oder Gärten."

Die

Die Vornehmern schließen sich von den öffentlichen Lustplätzen keineswegs aus. Sie besuchen diese zwar seltener, weil sie ihre Gärten und Landhäuser haben, sind aber keine Feinde der Volksfreude, und schämen sich nicht des Geringern. Sie haben zum Theil große ansehnliche Gärten; und einige Sommergebäude an den Alleen der Stadt nehmen sich vortheilhaft aus.

„Zu den Belustigungsorten in der Stadt gehören die Kaffeehäuser, in welchen Kaffee und Bier geschenkt wird. Hier kann ein Reisender Gebräuche sehen, die er sonst in keinem Lande sieht. Wenn in andern Ländern die Bestimmung der Kaffeehäuser ist, Kaffee zu utrinken, so sieht man hier die freyen Reichsbürger schon des Morgens früh große Biergläser ausleeren, und das braune Getränke, welches hier vortrefflich gut gebrauet wird, statt des Kaffees zu sich nehmen."

Daß

Daß es allgemeine Bestimmung der Kaffee=
häuser seye, nur allein Kaffee zu trinken, glau=
ben wir nicht: denn es werden beynahe überall
auch andere Getränke gereicht, ohne solches selt=
sam zu finden. Und warum sollte unser gesundes,
nahrhaftes Bier dort etwas unschickliches seyn?
Soll der Bürger in Augsburg, der lieben Mo=
de zu Ehren das fremde erschlafende schädliche
Getränke seinem vortrefflichen einheimischen Pro=
dukt, (das selbst dem Verfasser behagte) vorzie=
hen? Ein eingeschränkter Kopf, den Unwissen=
heit und Vorurtheile fesseln, kann darüber spot=
ten, daß hier im Kaffeehause sogar des Morgens
mehr Bier als Kaffee getrunken wird: der Klü=
gere — wird diese Gewohnheit billigen müßen.

„Das vorzügliche Gebäude der Stadt ist
das wirklich schön und edelgebaute Rathhaus.
Es ist ganz maßiv, in einer der schönsten Bau=
art aufgeführt, und in 1620. vollendet wor=
den. Außen sieht man an diesem Gebäude
(eine

(eine gelbe, schon meist wieder verlöschte Einfassung ausgenommen) nichts vom Augsburger Geschmack. Sobald man aber das Innere betritt, fühlt man, daß man in Augsburg ist."

Dieses herrliche Gebäude verdient eine weit vollkommenere Beschreibung, als das Schwäbische Lexion dem Leser mittheilen konnte. Deutschland hat wenige seines gleichen aufzuweisen. Elias Holl, einer der größten Baumeister seiner Zeit, hat sich dadurch das schönste Denkmal gesetzt. Anlage und Ausführung ist der Bewunderung würdig. Italiens Prachtgebäude gaben das Muster; es ist durchaus im ächt römischen Geschmack gebaut, hat vortreffliche Verhältnisse der Baukunst, und gewährt eine majestätische Ansicht.

Manchem Leser dürfte es daher nicht unangenehm seyn, einen genauen Abriß davon zu erhalten. Von der Außenseite geben wir also zuerst folgende

folgende Nachricht. Die Breite des ganzen Gebäudes beträgt 147, die Höhe gegen Abend 152, und die gegen Morgen bis an den Grund des Eisenbergs 175 Schuhe. Vom Dachstuhl bis zum Stadtpyr hält es 38; das Wappen der Stadt eine Zirbelnus mit ihrem Postamente, welches auf der vordern Hauptmauer ruhet, ist von Glockenspeise gegossen, 12 Werkschuhe hoch, und 4 breit, und wiegt 15 hiesige Centner. Auf dem hintern Schießer ist es von weißem Marmor gebildet, und hat, bey einer Höhe von 7, und einer Breite von 2.Schuh 3 Zoll, 60 Centner Gewicht. Zunächst unter dem vordern Wappen geht der zweyköpfigte Adler mit ausgespreiteten Flügeln, und vergoldeter Krone, Zepter und Reichsapfel an der Mauer hervor; er ist 22 Centner schwer, von Metall. Ueber dem prächtigen Eingang von rothem polirten Marmor, welchen zwey große Säulen aus weißem Marmor umgeben, erhebt sich ein schöner Balkon, ebenfalls aus rothem Marmor geformt. Unterhalb demselben ließt man auf schwarzem Grunde mit goldenen Buchstaben die Worte: Publico Consilio, Publicæ Saluti, anno MDCXX.

Die

Die Höhe des Portals ist 20, die Breite 12 Schuhe, oben zeigt es zween metallene Greifen, die das Wappen der Stadt in den Klauen halten.

Das Innere entspricht ganz der Erwartung, welche das Aeußere erregt. Der Eintritt führt zuerst in ein schönes 13 1/2 Schuh hohes Gewölbe, von 8 viereckigten Pfeilern, nicht Säulen, getragen, deren jeder ohne Kapital und Fußgestell 68 Centner Gewicht hat. An den Seiten sind die Wachstuben fürs Militär, und die Bürgerwache mit eigenen Nebenpforten. Dieser Saal ist mit den aus Metall und Glockenspeise gegossenen Brustbildern der ersten römischen Kaiser, von Julio Cäsare, bis Otto geziert. Die Brustbilder des Vittellius, Vespasian, Titus und Domitian erblickt man auf den Ruheplätzen der Treppe zur Rechten und Linken: in der Mitte derselben hängen zwey runde Schilde aus Erzt, mit dem Bilde des Kaisers Hadrians und Septimius Severus, und über den Wachstuben die metallene Köpfe der beyden Kaiser Pertinax und Aurelian: doch ist an allen diesen Arbeiten keine vorzügliche Kunst

Kunst zu bemerken. Merkwürdiger ist das schöne Fresco-Gemählde über den Gefängnissen, welches man aus dem Hintergrunde des Saals siehet; es stellt das Urtheil des Königs Salomo vor, und ist von Rager gemahlt. — Eine Treppe hoch eröfnet sich ein neuer großer Saal mit einer künstlichen Decke von Holz, die auf 8 Marmorsäulen sich stützt: Kapitäle und Füße sind von vergoldetem Metall, und haben bey jeder 300 Gulden gekostet. Von diesem Saal kommt man in mehrere neben anstehende Zimmer, die Raths-Stadtgerichts-Steuer-Handwerksgerichts- und Oberpflegamts-Stube, wo unter vielen Gemählden drey schätzbare Stücke sich befinden, Simson und Delila, eine vortrefliche Arbeit des berühmten Lucas Kranach; das Bildnis Maximilians I. vom großen Albrecht Dürer, mit Wasserfarben gemahlt; und ein jüngstes Gericht, welches unserm geschickten Matthias Rager Ehre macht. — Die Höhe dieser Zimmer mit dem Saale giebt 19 Schuhe, 7 weniger als der unterste Saal: in der Breite und Länge sind sowohl diese, wie auch der

dritte

dritte oberſte Saal vollkommen gleich; 58. hält die Breite, 110. die Länge.

Im obern Stock iſt der große ſogenannte goldene Saal, deſſen Höhe 52. Schuhe hat. Was man auch gegen die bemahlten Wände, hölzerne und vergoldete Bilder einwenden mag — ſie ſind im Geſchmacke des vorigen Jahrhunderts — ſo kann man ihn doch nicht ohne Bewunderung und Vergnügen betrachten. Der erſte Eintritt erweckt das Gefühl des Erhabenen, welches ein Saal von dieſem Umfang und Höhe, von keiner Säule gehalten, bey der ſchönen Erleuchtung, die er durch 52. Fenſter auffängt, nothwendig einflößt. Mit einem Blicke durchläuft man das große, ſchöne Ganze, ſieht freylich bey weiterem Forſchen Mühe und Kunſtfleiß in zu reicher Maaße verſchwendet, entdeckt aber auch manchen ſehenswürdigen Gegenſtand, und verweilt gern daſelbſt. Zur Kenntniß der Verzierung mag folgendes dienen.

Die Decke von Holz und künstlicher, vergoldeter Schnitzarbeit ist mit vielen größern und kleinern ovalen Gemählden auf Leinwand geziert: Allegorien und Sinnbilder mit Inschriften, nicht übel erfunden und passend, aber nach damaliger Weise und Art. Die Wände sind ganz mit Mahlereyen al fresco bekleidet. Zwischen den obern Fenstern erblickt man 24 nackende Genien, jeden in besonderer Stellung. Weiter herab an beyden Hauptseiten des Saals zeigen sich 8 heidnische, und 8 christliche Kaiser. Unter den Seitenfenstern sind 12 historische Vorstellungen von merkwürdigen Frauen der alten jüdischen und heidnischen Welt; das übrige durchgehends Arabesken grau in grau, und alles von der Hand des fleißigen Ragers, der auch die Deckenstücke gemahlt hat. Man kann diesen Arbeiten richtige Zeichnung und Kolorit nicht absprechen; außerdem empfiehlt sie die Lebhaftigkeit und Dauer ihrer Farben. Die großen Portale, deren zwey sind, haben ein wahres und gutes Verhältniß; das Schnitzwerk daran ist vergoldet. Auf beiden Seiten stehen Inschriften von Erbauung des Saals,

auf

auf schwarzem Grunde in Gold, und über dem einen die Flußgötter Augsburgs, ein allegorisches Stück von dem berühmten Joh. Rottenhammer. Der Fußboden ist mit weißem, rothem und grauen Marmor gepflastert. — In diesem Saale versammelt sich jährlich am Wahltage der Große Rath; sonst wird er nur zu großen Feyerlichkeiten gebraucht.

Nach der Krönung der kaiserlichen Gemahlinn Leopolds I, Eleonora Magdalena Theresia, und der darauf erfolgten Wahl und Krönung des ältesten Prinzen, nachmaligen Kaisers, Josephs I. zum römischen König, im Jahr 1690. wurden beyde Krönungsmahlzeiten daselbst gefeyert. Neben dem Saal sind vier prächtige große Zimmer, welche die Fürstenstuben genannt werden, weil bey der Wahl des römischen Königs Ferdinand IV. im Jahr 1653. die Churfürsten sich darinn aufhielten. Hier wurden auch kaiserliche, churfürstliche und andere hohe Komissarien und Abgeordnete zur Audienz empfangen, die Münzprobirungstage und andere wichtige Zusammenkünfte gehal-

gehalten. Sie stellen viele große Gemählde von damals lebenden Mahlern dar. Vier große Thierstücke von Johann Melchior Roos haben besondern Werth. Ein nicht sehr bekannter hiesiger Künstler Johann König hat Vorstellungen der drey Regierungsformen geliefert, welche durch gute Erfindung, Komposition, beobachtetes Kostume und wahres Kolorit schäzbar sind. Sehr gut sind auch drey große Schildereyen der in Augsburg im Jahr 1584. geschehenen Belehnung des Herzogs Moriz von Sachsen mit der Churwürde, vom Mahler Mathias Gundelach. Die übrigen großen aus der biblischen und weltlichen Geschichte entlehnten Abbildungen, sechse an der Zahl, gehören dem Math. Rager; der vielen kleinern Bilder nicht zu gedenken.

In einer dieser Zimmer sieht man auch den großen Grundriß der augsburgischen Landvogtey, den der geschickte Bauschreiber Martin Hieronymus Mayr aufgenommen und gezeichnet hat.

F

Die

Die Schreinerarbeit ist in allen diesen Zimmern eben so, wie im großen Saal, meisterhaft und bemerkenswerth; nicht weniger verdienen die in den Fürstenstuben stehende große, mit vieler Architektur und Figuren gezierte Oefen Aufmerksamkeit. Ueber diesen Zimmern befinden sich noch einige kleinere zu verschiedenem Gebrauche, auf denen zu beyden Seiten des Rathhauses zwey starke, nicht sehr hohe Thürme ruhen, welche dem Gebäude noch mehr Ansehen geben. Unter dem Dache werden in einer der großen Rüstkammern Entwürfe und Modelle zu Gebäuden, worunter manche merkwürdige Stücke sind, auch eine beträchtliche Anzahl von Prägstücken alter Münzen und Medaillen aufbewahrt. Das ganze Gebäude hat 12. Treppen und 226. Stufen. Thürme, Hauptdach, und Altanen an den Thürmen sind mit Kupfer bedeckt. Vom untersten Stock bis an den Abschuß des Eisenbergs hinab sind noch schöne gewölbte Behältnisse, worinn verschiedene Nothwendigkeiten niedergelegt werden.

So

So viel von diesem schönen Werke der Baukunst, der größten Zierde unserer Stadt. Die vollständigste Beschreibung giebt eine im Jahr 1772. zu Augsburg bey dem Buchhändler Conrad Heinrich Stage erschienene Schrift, unter dem Titel: Die vornehmsten Merkwürdigkeiten der Reichsstadt Augsburg — welcher man in dem hier mitgetheilten Abrisse vorzüglich gefolgt ist.

Von den Stiftungen hiesiger Stadt liefert uns endlich der Verfasser Seite 83. annoch folgende boshafte Schilderung, wenn er sagt: „Eine besondere Privatstiftung ist die sogenannte Fuggerey, in der Jacobsvorstadt. Diese enthält 51. Häuser, in welche arme catholische Bürger um eine sehr geringe Hausmiethe aufgenommen werden. Diese viele (im Lexicon kurz vorher beschriebene) schöne zum Theil reiche und beträchtliche Anstalten für Nothleidende,

F 2   sind

sind schon jezt eine große Wohlthat für diese immer tiefer herabsinkende Stadt, und werden es in nachfolgenden Jahren immer mehr werden, je mehr die Stadt an ihrem ehemaligen Wohlstande abnehmen und verarmen wird. Es scheint, diejenigen, welche diese schöne Anstalten stifteten oder errichteten, haben den Verfall der Stadt geahndet, und diese Häuser bestimmt, um den wenigen Rest der Einwohner nach ein paar Jahrhunderten aufzunehmen und zu ernähren."

Diese lange Stelle seze ich zulezt bloß deßwegen hieher, um die erzählende Manier des Herrn Verfassers und seine edle Denkungsart in ihrer vollen Schönheit darzustellen. Wer erkennt nicht darinn den Mann, der alle Achtung, welche er dem Publicum und einer angesehenen Reichsstadt schuldig ist, unter die Füße tritt, und nur seiner wilden Leidenschaft gehorchet? Solche

Men-

Menschen würdigen heut zu Tage die Schriftstel‍lerey immer tiefer herab. Selbst die historische Treue wird durch sie verdächtig gemacht. Wenn der irrende Ritter irgendwo keine günstige Auf‍nahm findet; wenn sich nicht gleich alle Thüren eröffnen, und ihn zur gastfreyen wohlbesezten Tafel einladen; wenn man nicht das Glück ihn von Angesicht zu schauen mit tiefer Ehrfurcht er‍kennt — so geht der ergrimmte Mann hin, und rächt sich durch öffentlichen Spott, Lügen und Ver‍leumbung. Das sind die Helden, die in unsern Ta‍gen so viel blinden Lärm erheben — würdige Söhne des weyland eblen Ritters Don Quixote von Mancha!

Ich könnte noch manches gegen diesen Verfasser erinnern; doch genug! Schon lange würde ich mich schämen, wider ihn aufgetretten zu seyn, wenn es nicht die Wahrheit und die Ehre Augsburgs zur schuldigen Pflicht gemacht hätte. Es ist gewiß auch eine höchst widrige Arbeit, sich durch ein solch Gemengsel von Lügen, Spötte‍reyen

reyen und Albernheiten hindurch zu drängen. Urtheile nun selbst, unpartheyischer Leser, über den Mann, und seine Geistesgeburt: entscheide selbst, ob er nicht die tiefste Verachtung verdiene; und bestimme dann den Werth eines Werks, das unter dem Namen eines geographisch-topographisch- und statistischen Lexicons von Schwaben dergleichen verabscheuenswürdigen Kram der Welt feil bietet!

Geschrieben am 8ten Junii,
1791.

Der Herausgeber.